Enseres del invierno

Primera edición: enero 2024

info@preguntaediciones.com
www.preguntaediciones.com

ISBN: 978-84-19766-30-4
Depósito legal: Z-329-2024

Printed in Spain. Impreso en España por Estilo Estugraf Impresores

Enseres del invierno

Miguel Carcasona

PREGUNTA

Odiseo

Mira aquello que llena este lugar:
muebles, libros, enseres del invierno
uncidos a su estante por una ley extraña
e inamovible. Mira esos objetos
de nuevo, memoriza el hueco que el azar
les ha dado en tu mundo
y entorna poco a poco los párpados;
cuando una luz difusa los alumbre
en tu interior habrá llegado la hora
de elevarse. Primero, desde el techo,
contempla el aposento bajo la perspectiva
de un diosecillo familiar:
un leve cambio del enfoque
y la rutina se sacude el polvo.
Sigue ascendiendo. Ve tu casa anclada
entre sus semejantes, tu tierra indistinguible
de la vecina, tu país inmenso,
sólo cercado por los océanos.
Siéntete un dios local, comunitario,
universal. Engloba el orbe
en el mismo volumen que el cuarto del origen
y desde allí, suspenso en el cénit,
comienza a descender.
Paso a paso desanda el trayecto.

Rebaja tu grandeza al mismo ritmo
con que la hinchaste y, cuando en tu cerebro
asome el punto de partida,
abre los ojos, mira de nuevo los enseres
dispuestos en su orden inmutable
y decide en qué estación
habitarán desde entonces.

I

Hombre gris

Entre el negro y el blanco,
una gama de grises abarca la existencia.
El gris de los trabajos y los días,
el gris de la indolencia y el asfalto,
el gris de los matices y el silencio.
En la patria de Maniqueo
hay quien loa la blanca pureza de la nieve
y quien se enfunda la camisa negra del rencor;
ambos celebran el deslumbramiento o la ceguera
como un perdido en el desierto el espejismo de la lluvia;
ambos desprecian los demás colores
y exigen vasallaje a su binomio.
Yo sueño en rojo cada noche,
me refugio en el verde y el violeta
de los jardines, busco con tesón
el azul del cielo al mediodía,
aunque luego, en la calle, me resigne a vagar
sobre mortero y adoquines
como una sombra sin carne que la dibuje.
Sargentos del dilema, no me pintéis de negro
para quemarme en una cruz,
ni me ciñáis una mortaja blanca.
Dejadme ser un hombre gris

que vive sin escarnio su gris vida;
dejadme, como pedía Pessoa,
procurar sentir el tedio de modo que no duela.

A Miguel Torga

En la piedra se labran las raíces.
Las raíces se nutren con la savia
de otras voces que afloran por el mundo,
en un fluir continuo de levas y derrumbes.
Así germina la voz: un grito en el tempero,
una llama en el caos donde asoma el estambre.
Savia que nutrirá otras raíces
labradas a buril en otras piedras.

Nocturno

No es la lluvia quien cala las tejas del insomnio
esta noche, con su rumor cansino,
mientras el frío te sorprende
sobre una colcha intacta
y con la ropa del día aún puesta.
No es la lluvia,
sino las oportunidades perdidas
en tu existencia que pulsan en vano
el timbre del remordimiento, se agotan
y las oyes resbalar, con las uñas sajando tu oído,
anclado como un gallo servil en el refugio.

Jueves

En la terraza asoma una mujer
con chándal. Grita
al hombre que, en la calle, aguarda
reclinado sobre su bicicleta.
Sentada en un banco, lánguida,
una madre se evanesce
dentro del hoyo que su hijo excava en la arena.
Arquitectura gris bajo cielo azul.
Minutos perdidos
dentro del coche estacionado.
O tiempo ganado
a la velocidad sin destino.

Pompeya

A un cuerpo sólo lo distingo
entre la masa cuando lo ilumina
la luz potente, única, que emana de su adentro.
Innata incandescencia,
recorta una silueta sobre el fondo
abigarrado de sexos y facciones
y la singulariza,
la convierte en el nombre cuya mención detona
la calma del estanque.
No existe olvido, entonces, para esas curvas y
jadeos
aunque el deseo acabe, aunque la luz se apague
en los ojos que, un día, fundieron el metal.
Queda el molde vacío,
la imagen detenida en un ayer perpetuo,
como el de esos amantes que el Vesubio,
dos mil años atrás, carbonizó en Pompeya.

Frases fresadas

Frases fresadas por un torno
sutil las que a menudo esculpen los poetas
del tercer milenio.
Frágil arquitectura
sus versos macerados en la umbría
del espejismo, junto a su lindero,
allí donde la luz, sin deslumbrar,
aún dibuja sombras en los pliegues
de la trampa.
Territorios vedados se extienden por lo oscuro,
más allá de la hierba pisada
por mansas suelas que han formado senda
y dejan a la luz la tierra estéril.
Pocos se atreven a hollarlos.
Pocos se atreven a saltar la linde
y alumbrar con los ojos paisajes ajenos a su
  ombligo.
Sátrapas de la conformidad son la mayoría.
Olvidan que el espejismo se desvanecerá con la
  noche
y que el ojo del ombligo siempre es un ojo ciego.

Atardecer

La claridad del día cede
ante la sombra en pleamar.
Arrastra el cierzo ristras de malogros
como la mano que cierra los párpados
por última vez.
Ni fisgón ni gaviero,
qué pinto aquí, aupado a la ventana.
Preso o cronista de este páramo
por donde sólo pasan abuelas y estaciones,
los tonos del crepúsculo
me tiñen un rostro hepático.
El campo ante mis ojos. Los libros a mi espalda.
Entre ambos, el cristal.
A qué lado del vidrio pertenezco;
o, como él, uno y separo el aire
para que cuaje la existencia.

Obra

Como un papel arrojado al hogar
con su fogonazo se erige en rey
y con la misma rapidez se extingue,
sin que de su calor arraigue ni una brasa,
mientras el leño continúa al fondo
su denso crepitar, así tu obra.

La enredadera

Caen las hojas de la enredadera
tras la primera helada del otoño.
Junto a la puerta de metal
van formando un tapiz, discreto
en su muda presencia, que ignoramos
al pisarlo cada mañana
en nuestra presurosa huida del hogar.
Con mecánico empeño, el sol licua la escarcha
sobre su faz sin savia y las disuelve
en un proceso gradual y oscuro
a nuestros ojos, al que contribuimos
en el hambriento retorno del mediodía.
Muy poco nos importan estos cambios
a nuestro alrededor; menos aún
indagar su sentido:
llenos de aplomo y permanencia,
nos limitamos a limpiar las suelas
en la esterilla, antes de ingresar
en el fértil cobijo de la casa.

Fado

Haja o que houver, canta Teresa Salgueiro
en la noche de marzo.
Sobre la colcha se estira mi gata. La acaricio
mientras evoco a Lisboa, su Tejo,
su aire húmedo, sus cuestas coronadas juntos.
Amor, ¿seguirá el mismo camarero
repartiendo platos y gentileza en aquel rincón
de la *calçada do* Sacramento, bajo la bóveda
de ladrillo mudéjar y calma silente?
Y Pessoa, hierático en la terraza de A Brasileira,
¿seguirá sentado con la mirada ausente,
ajeno a la lluvia, al desasosiego
y a quien ocupe la silla de al lado
en vana búsqueda de un retrato que capture su
alma
ya de bronce?
Haja o que houver eu estou aquí, amor,
sobre la colcha que emboza el páramo,
evocando los días de Lisboa
junto a una gata ajena a la soledad
y los remordimientos, pedigüeña de las caricias
que te hurté como una hiena
y luego repartí en ofrendas miserables.
Lejos de Lisboa y de tu memoria, amor,
haja o que houver espero por ti.

Tarde de abril

Sopla el cierzo de abril.
Acerca nubarrones de agua
y memoria.
Sopla el cierzo y un tordo aletea frente a él,
lo esquiva.
De la guitarra caen los arpegios,
me acercan lo que viene con el agua,
lo que vendrá:
horada la memoria.
Un tordo aletea
y me mira en la cúspide del giro.
El arpegio me acerca a la memoria,
me introduce en ella.
La piel de la memoria cicatriza
y vuelve ayer al mañana,
signo al dolor.
Un tordo gira, se estrella contra el cristal
—son largas las alas del tordo—
y me mira antes de que el cristal lo resbale,
ayer lo vuelva.

Enfoque

Es una cuestión de enfoque:
tú observas la poesía desde afuera,
la analizas como a un ente extraño
cuya fisonomía te gusta pincelar
y cuya sinergia aspiras a definir.
En ella, perla abstraída, fijas tu mirada
y, como un satélite, orbitas a su alrededor
mientras te alumbran los reflejos de su luz.

Yo vivo en la poesía.
En el coágulo de su sangre comprimo el mundo.
Con la luz de sus ojos te ilumino,
e ilumino el yermo que agoniza entre ambos,
y revelo el espacio que florece a tu espalda.

Pasaje

Sobre una foto de Lara Albuixech

No es el túnel que aguarda al final del periplo,
como algunos sostienen, con sombras desvaídas
que escoltan nuestro paso al más allá.
El pasaje y las siluetas
son el camino del acá y los cómplices
en el trayecto: más líquido el suelo
cuanto más distante la infancia y sus certezas;
más difusos los rostros cuanto más cerca el fin.
Y una imagen en blanco y negro, perspectiva
de un autor sobre el filo, el ahora.

II

Qué nos queda

Después del rayo y del fuego.
José Martí

Qué nos queda después del rayo,
después del fuego y las cenizas
hechas limo por la lluvia;
tempero de lo que en invierno nace
a nuestro alrededor
sin reconocerse en nosotros,
sin saber la sustancia que lo nutre
y en él se materializa
bajo otra carcasa que empuja hacia el sol,
en torno al tronco renegrido
del que hacen leña los augures,
los sabios, los alguacilillos
que en los medios pregonan el fin de la trama
cuando aquí no han muerto ni los secundarios.
Qué nos llama a hurgar en los escombros
con el afán perplejo
de quien regresa al sitio del desastre,
en busca de sí mismo,
y halla el objeto que, de golpe, aviva
el dolor, la memoria.
No la resignación a esta condena.

No la pasividad
ante un destino de ciprés anclado
en su isla de tierra que recibe en la tarde
la orina de los chuchos;
de hormigas que ven, desde el agujero,
el vuelo de los pájaros, su sombra
aérea sobre la pared, y creen
volar.

La piedra

Allí donde tus ojos se solazan
con el capricho hallado por azar
en el paseo, ven arte en la pulcra
redondez de su forma, como un fósil de huevo,
y el paciente pulido de la erosión admiran
—los siglos de trabajo oscuro en pos de la
belleza—,
otro distingue el proyectil
que vaciará de vida un cuerpo.
No importa si el destino o un ente sobrehumano
lo ponen ante él —o eso afirme—
ni que ondee vocablos como agravio y venganza
para aplacar la sarna de los crédulos.
En su demencia, sólo destruir ambiciona,
arramblar con aquello que una mente sensible
hizo surgir del caos.
Lo conozco, y la piedra también lo conoce;
desde siempre transita por su lado
bajo otras pieles y otras lenguas.
Siente su pulso inquieto entre las yemas
cuando la aferra, vislumbra el odio
en sus pupilas cuando la alza
y sabe que tras ellas, más allá de la causa

que pregone o la mano servil que la arroje,
hierve, sarna de necios, el ansia de inmolar
al prójimo.

Desaparecido hallado

Imposible reconocerlo
en esos huesos ordenados en la caja metálica,
algunos renegridos porque hasta ellos llegaron
las quemaduras hechas con soplete,
o en ese cráneo que su mujer sostiene ausente,
acunándolo,
mientras dos voces le desvelan
la causa de los orificios
y de tanto fragmento astillado.
Imposible evocar al hombre
cuya vida se armó sobre esos huesos,
entre el metal de los estantes
llenos de fichas que encierran
datos de otros hombres vivos, a nuestros ojos,
desde el momento de su muerte.
Y esa mujer ausente, en qué piensa,
en qué habrá pensado
durante tantos años como trozos de huesos
tiene ante sí, cuando una voz igual
a la de él la haya llamado en tardes
de paseo —una ráfaga cruel
nacida de la multitud—
o en las noches de invierno,
sonando igual de clara que veinte años atrás

sonaba en esa misma habitación
donde ahora despierta, con la garganta espesa
y las manos torpes al encender la luz,
para ver el desgaste de los muebles
y sentir el dolor que se desploma
como un saco de tierra sobre el lecho.
A esa mujer, dos voces le desvelan
la causa de la muerte, no del crimen.
A esa mujer, dos voces le hablan,
pero el silencio de otra voz
le impide comprenderlas.

Bhopal

Si no quieres mirar, cambia tus ojos
por los suyos, que ya nunca verán
la infamia aunque dilaten sus pupilas
como espectros de Munch.

Celebraciones al gaviero

I

Ni ciega como el polvo que alza el cierzo
ni, como el trueno, agria de improviso
los caldos que fermentan en la memoria.
El agua del río en la sangre exuda
su imperceptible material de vida
como una anciana que, en la tarde, teje
en la puerta de casa un hilo imperecedero
mientras, al hilo de su voz,
otras voces acuden y un leve poso dejan
entre la grava del meandro,
una señal que alguien, tal vez, recoja
y siga hacia atrás, antes de que el sol la evapore.

II

Entre los diversos tipos que navegan el cauce
prefiero a quienes, como ese hombre,
lo remontan sobre una balsa
movida por un torpe motor diésel,
sin la comodidad del que sigue la corriente,
la mitificación del que nada contra ella

ni el olvido de quien fue pasto de los peces.
Imperceptible en el centro del río,
su lento discurrir hacia las fuentes,
amenazado por bancos de arena
y el roer incesante del agua
sobre la liza de los troncos,
produce una simbiosis entre el hombre y la
    máquina:
un único amasijo de sustancia
destinado a purgar errores del pasado
nos parece, entonces, el mínimo ensamblaje.
Tiende el poeta a reflejar
en la vida los mitos de la literatura
pero, ajena a ello,
la balsa avanza, lenta, y el tipo sigue a su aire
sentado en la banqueta de la popa,
sin forzar la palanca de las revoluciones.
Sabe que sobra el tiempo
y el destino no abandonará su enclave
desvanecido en una nube,
al modo de los dioses antiguos,
mientras el mundo sea mundo
y los mitos desprecien la mecánica
que rige los asuntos terrenales.

Yo escuché *Te recuerdo, Amanda*

Yo escuché *Te recuerdo, Amanda*
en Radio Argel,
un mediodía de mil novecientos ochenta y dos.
En la onda corta de un viejo aparato,
superviviente de la posguerra,
nítida oí la voz de Víctor Jara
evocando a sus padres en acordes
melancólicos que ceñían el amor y la tragedia,
la vida y sus consecuencias.

La religión, entonces, era un fósil,
un antiguo temor vencido por la cordura,
y el mismo lazo unía, en nuestro ánimo,
la batalla de Argel con la de Chile,
el hombre con su inteligencia.

Hace veinticinco años
escuché *Te recuerdo, Amanda*
en Radio Argel.
Hoy, muy pocos recuerdan quién fue Amanda
y Radio Argel no emite en español.
En la misma frecuencia, nítida y monocorde,
suena la voz de un muecín.

Para todos

Para los que huyen de la guerra y son buena gente. O gente normal. O mala gente.
Para los que, en su huida, el mar traga y luego escupe en las playas ante el objetivo de una cámara. Para los que, en su búsqueda de una vida digna, el mar ofrece como banquete a los peces, en secreto, y nadie recuerda.
Para los que reaccionan con rapidez ante el horror de una imagen y la replican, y se indignan, y aúllan como las matronas romanas después de una batalla perdida, y luego cierran aprisa el ordenador porque en el bar de abajo se diluyen los cubitos del *gin-tonic*. Para los que hacen lo mismo, pero aquella noche el *gin-tonic* les sabe a hiel.
Para los que luego ponen manos a la obra, en lo que pueden, y para los que permanecemos en el sofá.
Para los que sienten miedo ante el aluvión de quienes son distintos, aunque ese concepto dependa de la altura del tronco donde se establezca el corte. Para los que sienten ese miedo y, con todo, son buena gente. O gente normal. O hienas que huelen el negocio.
Para los imbéciles que identifican distinto con inferior, y así pretenden realzar sus vidas miserables.

Para los que no hablan, ni ven, ni oyen. Para los que sí oyen, ven y hablan mientras se reúnen, y reúnen, y reúnen, girando como los bueyes de la noria. Para los que, cuando el agua alcanza el brocal, la arrojan de nuevo al pozo y mañana será otro día.

Para los que se suben a hombros de otro y así la mierda sólo les llega a las rodillas. Para los que el peso del otro los hunde hasta las cejas en la mierda e intentan sacudirse ese lastre para respirar. Para los primeros, otra vez, que cuando sienten la sacudida se aferran a los cuellos con argumentos sutiles o con burda metralla.

Para todos nosotros, en resumen.

III

El castillo

Tendido sobre la nieve
ríe el agrimensor.
Alguien ha despojado su cadáver.

Beromünster

Regiones españolas y regiones francesas
a la izquierda del dial.
Luego, desperdigados, London, Madrid, Moscú,
«¡Aquí, Radio Andorra!» o «EAJ 22, Radio Huesca».
Y Zaragoza. «Radio Zaragoza. Estudios en
Marina Moreno, veintiuno».
Locutores con voz de gente seria.
Juegos sobre la mesa. La madre plancha
tenues hilos que enhebran el origen
en las tardes de invierno; cálidas, sin embargo,
durante la pleamar del niño.
La plancha alisa pliegues y memoria.
Zaragoza, nocturno resplandor tras la sierra
y poco más: la foto en el Pilar,
el traje de la primera comunión,
el pánico al abismo verdoso del Ebro
o el SEPU y sus rebajas.
Extraña geografía, hoy familiar bajo otros nombres;
calles de niebla siempre holladas con suelas de
forastero,
huellas que el cierzo arrambla hacia el desagüe.
En el extremo del dial, Beromünster.
Una mente infantil se aviva ante el presagio
de un paraje remoto:

Beromünster,
promisorio destino donde confluyen bruma y
entusiasmo,
Verne y Sandokán.
Años después, Radio Tirana
transmite música balcánica
—así lo canta Battiato—,
«Escucha Chile» desde Moscú
y el asombro ante Radio Pekín.
Noches de verano, sin embargo gélidas
durante la galerna del adolescente.
Al fin, olvido en el desván,
telarañas que el tiempo trenza con hurtos al aliento
o canas que se infiltran en el tedio.
Y el cierre de la elipse ahora,
aquí, en una terraza de Peñíscola,
parteaguas del mañana bajo un sol sin justicia,
bajamar del adulto que arrambla hacia lo abisal.
Sube la cuesta un tren repleto de turistas,
rostros felices en vagones rojos.
La nave quieta y las sirenas mudas
en un reverso irónico del mito.
La cuota, el diezmo viaja en ese tren
que encara un desnivel sin regreso.
Sogas en torno al mástil para eludir su imán,
Beromünster y el cielo azul

de julio, los espartos que las urden.
Ulises, sin aliento, emborrona el cuaderno
con hilos que enhebran el porvenir.
Oídos sordos al reclamo
y escribir, escribir, desmenuzarse en versos
como quien implora una piedad.
Febril, la tinta encharca las baldosas
con obstinado esfuerzo de oleaje,
los hilos trenzan mallas que sostienen el forjado
y escribir, escribir, reconstruirse en versos
hasta que el último vagón se pierde
con el reflujo de la marea.
Paz burguesa en el aire del desván.
La mesa de los juegos ya polvo de carcoma
e ilegibles las letras del dial
bajo el polvo, sicario de la amnesia.
Con un desliz del dedo vuelve a la luz el nombre:
Beromünster.
Nunca supe en qué país se halla
Beromünster.

El buzo

Ahondar en busca del porqué.
Tras la avenida, turbia aún el agua,
el buzo se sumerge en el río del hoy
y el ayer, del mañana enroscado al sofá
como una argolla sedante.
Sin público en la orilla, sin oxígeno
a la espalda, sin marcas en la piel,
solo y a ciegas se hunde el buzo en la badina
una y otra vez, uno y otro envite,
y un carrusel de fiascos se suceden
al escarbar en el légamo.
Años de sedimentos apelmazan el fondo,
una costra de pudor y rutina cubre los estratos
donde no penetran los lances de la superficie.
Una piedra arrojada en otra vida,
una lata con óxido,
un cráneo con el hueco de la bala
de una redondez tan perfecta que parece tirado
con compás.
Restos inútiles sus dedos alzan
una y otra vez, y uno y otro yerro
le generan la duda de si es torpe al hurgar
o el limo sólo contiene escombros podridos.

A Héctor

Estos minutos por ambos vividos
en el ático donde desordenas los libros,
la música y las estaciones
que afuera se suceden implacables,
con una cadencia que tu risa aún ignora.
Estos minutos, junto a otros,
irán formando el poso de tu dicha;
el que te sostendrá cuando, como esta tarde,
antes de bajar la escalera tras sufrir la *carraña*,
mires hacia atrás con ojos tristes,
premonitorios,
y sólo veas recortarse ante el sol de diciembre
el polvo de los libros ordenados,
muertos.

Hay un atardecer, en mayo

Sobre un poema de Jaufré Rudel

Hay un atardecer, en mayo,
cuando el aire se empapa de amarillo
y una atmósfera de fotografía antigua
atora los sentidos, en que tiempo y distancia
se unen y estiran a la vez,
como un enigma cuántico
cuya resolución se nos escapa.
Te veo junto a mí y lejana te siento
en esas horas; al unísono
tu pequeña manzana muerdo
y tu holograma, bosquejado por el cruel padrino
que en mi interior habita,
se evapora bajo la lengua.
¿Es posible el amor sobre una simple imagen
o es un cebo la atracción
súbita hacia lo que se desconoce?
Tan cierto el golpe de sangre en la sien
ante unos ojos grabados en la luz
como falsa la evocación de lo que nunca ha existido.
Kilómetros de puertos y autopistas,
ausencia de palabras y, sin embargo, gestos
que son imanes, flujos de armonía

al son del violín
y el afán imberbe del prístino impulso.
Dilema entre la sed y el espejismo,
ecuación con la incógnita furtiva en los canales
este vals sin muerte ni coñac.
Mientras, junio madura tu manzana
y el holograma en negro con lentitud se funde,
sin rótulos que anuncien el final,
como cualquier quimera que el tiempo pulveriza.

El convaleciente

Convaleciente de la gripe
desgrano en el estudio la mañana
pastosa, tras un vidrio climalit.
Un coche pasa. Su turbión de polvo
alza el camino en vertical. Pantalla
efímera en la que ningún recuerdo se dibuja:
nadie acude en socorro del enfermo.
Congestión de la mente. Las palabras,
enjambre inaprensible entre la niebla,
zumban huidizas, sin mostrarme el rostro
diáfano de costumbre. Carnaval enemigo
que gira en torno a un ciego, evadiéndole el tacto,
mientras chillan las máscaras como grullas en vuelo.
Suena el teléfono. Su timbre caza
los vocablos con ráfagas que quiebran la rutina,
con la insistencia de la tos
en disipar el germen de la niebla.
Suena el teléfono hasta que el vecino
lo descuelga, por fin. Su voz diáfana
se eleva vertical ante mis ojos,
colma de música el pretil del vidrio.

¿Vencer la enfermedad, será la poesía?

Paisaje

Altiva ante el mural de nubes,
la torre de la luz brilla con el fulgor
plateado que, en mis pesadillas,
distingue al rostro del viajero
llegado de un ayer tan demolido
como su carne.

Orfeo

Yo prefiero, también, volver la vista antes
de revivir un amor que me haya arrastrado
al infierno.

Final

... ed è subito sera.
Salvatore Quasimodo

Una mañana en la que acechan niebla y gestiones,
frente al espejo,
descubres en los ojos que te miran
un puente hacia el abismo,
una llaga sin cancelar.
De la memoria parte la punzada
hacia el pecho, se enrosca como sierpe
en la argolla que ciñe tu brazo desde siglos,
lo que fuiste y lo que debiste ser
desfilan ante ti en un segundo espeso
y, de pronto, anochece.

Índice

III

Este libro se terminó de imprimir
el 28 de enero de 2024,
ciento setenta y un años después
del nacimiento del escritor y político
José Martí.

Títulos publicados

PREGUNTA
ediciones

Relatos

Las pérdidas rojas. Chusa Garcés
Cuentos detrás de la puerta. Begoña Abad
Amor, blanco roto. Chusa Garcés
Letras de tinta. Lourdes Aso Torralba
Baños de Panticosa. Premios Literarios. Varios autores
Sobreexposición. Laura Bordonaba Plou
Desde el otro lado. Prosas concisas. Fernando Aínsa
Buscando los orígenes de aquello. Irene Achón, María Jesús Artigas, Alberto Delmalo, Ana García, Coral González, Anabel Hernández, Aitana Muñoz, María José Pardo, Eva Pardos, Elisa Pérez, Manuel Pinos, Pilar Royo
Brioleta. Encuentro de escritoras aragonesas. Lourdes Aso Torralba, María Pilar Benítez Marco, Elena Gusano Galindo, Chusa Garcés, Blanca Langa Hernández, Angélica Morales, Marta Navarro, Almudena Vidorreta
Los soñadores. Roberto Malo
Bilbilitanos en la historia. Ricardo Ramos Rodríguez
El dolor del cristal. Sergio Royo
Polar. Laura Bordonaba Plou
La prueba final y otras historias cortas. Ganadores del Certamen de Cuentos y Relatos Breves Junto al Fogaril
Viviendo en tiempo brutal. Sergio Royo
Contemplación. Franz Kafka
Zaragoza turbia. José María Tamparillas
Sabor metálico. Eva Pardos Viartola
Cuentos esféricos. Chema González
Canciones tristes que te alegran el día. Miguel Mena
Todo es agua. Begoña Fidalgo
Mar de lejos. Manuel Pinos
Y de repente esta lluvia. Sergio Royo
De bares y mujeres. Marta Armingol, Olga Asensio, Laura Bordonaba Plou, Clara Castán Ibarz, Begoña Fidalgo, Paula Figols, Chusa Garcés, Magdalena Lasala, Elvira Lozano, Rosa Martínez, Angélica Morales, Eva Pardos Viartola, Clara S. Mendívil, Laura Serrano
Diáspora. Isabel Gutiérrez Cía
Relatos de La Flama. María Jesús Artigas, Emilia Bayod, Marta Gascón, Clara Járboles, Merche Llop Alfonso, Abraham José Mendoza Diloy, Eva Pardos Viartola, Alfredo Pérez, Elisa Pérez Ibarra, Manuel Pinos, María José Sanjuán, Wenceslao Varona López, Gloria Verdoy
Un martes cualquiera. Laura Latorre Molins
Con voz y voto. Pioneras americanas del relato social y la ciencia ficción y tres piezas del teatro sufragista británico. Edición de Isabel Alquézar y Berta Lázaro

Novela

El último concierto de David Salas. Roberto Malo
Crónica de un deseo. Antonio Ventura
Verde mar del norte. Clara Castán Ibarz

La brújula del universo. Mario de los Santos
El eco entre la bruma. Ricardo Ramos Rodríguez
Las sombras del Imperio. Ricardo Ramos Rodríguez
La movida que te salvó. Mariano Pinós
Merecer la vida. Laura Serrano
Cariñena. Antón Castro
Los días blancos. Marta Armingol
Declive. Fernando Rivarés
Canciones ligeras. Miguel Mena
Hannibaal. Miguel Carcasona
Inventario de monos. Galgo Cabanas (Mario de los Santos y Óscar Sipán)
De viento y sal. Clara S. Mendívil
Jimena. Magdalena Lasala
Catorce. Paula Figols
El silencio y su canción. Ángel Gracia
Marta. Víctor Juan
La nota muerta. Rosa Martínez
Para cenar, aire. Pedro Bosqued
Las batallas perdidas. Jaime Tomás
La fugitiva. Clara Járboles
Alcohol de quemar. Miguel Mena
La casa de los dioses de alabastro. Magdalena Lasala
Tristán. La ética del monstruo. Javier Romero Collazos
Puente de Hierro. Miguel Mena
Máscara. Ricardo Ramos Rodríguez
Leopardos en el diván. Gonzalo Fontana Elboj
Lucífugo. José María Tamparillas
Bendita calamidad. Miguel Mena
La estirpe de la mariposa. Magdalena Lasala
El colapso de la colmena. Julia Jiménez Carrera
Los Hijos de Hura. Abdelrahim Kamal
Dinero caído del cielo. Reyes Salvador
No podría estar más contenta. Marisol Aznar y María Frisa
Leitmotiv. Sergio Sarsa
Profanación. Ramón Acín

Poesía

Litiasis. Manuel M. Forega
Todas las religiones son una / No hay religión natural. William Blake
Estoy poeta (o diferentes maneras de estar sobre la Tierra). Begoña Abad
AntiaéreA. Encuentro poético en Zaragoza. Carmen Camacho, Alicia García Núñez, Marta Navarro, Chus Pato, Inés Povar, Miriam Reyes, Sandra Santana, Hermanas del Hambre (Elisa Berna y Charo de la Varga)
Todo estalla dicho. Elvira Lozano
La experiencia de la poesía. Ángel Guinda
AntiaéreA II. Poesía encontrada en Zaragoza. Ajo, Eva Antón Bravo, Zhivka Baltadzhieva, Isabel Bono, Javier Corcobado, Cristina Járboles, Laia López Manrique, David Mayor, Carmen Ruiz Fleta

Diez años de sol y edad (Antología 2006-2016). Begoña Abad
Alud. Javier Fajarnés Durán
Los países de piedra. Pablo Javier Pérez López
Existe algún lugar en donde nadie. Juan Pablo Roa
Te mataré mientras vivas (Coronación supersónica). Raúl Herrero
La ciudad y el cuchillo. Javier Fajarnés Durán
Vidrieras. Laurent Tailhade
El tiempo de las alambradas. Antología poética. Antonio Orihuela
Esta vida verde. Antología poética. Lyn Coffin
Las palabras son nocivas. Antología poética. Amador Palacios
Las locuras ya no son locuras. Antología poética. Ferruccio Brugnaro
El techo de los árboles. Begoña Abad
Satirologio. Epigramas del siglo XXI. José Verón Gormaz
Caballo de mina. Gerardo Vacana
Big Bang. José Luis Esteban
Los signos en el agua. Noventa y nueve poemas. Joaquín Sánchez Vallés
Avanza el olvido. Javier Ramón Jarne
Fábrica de la seda. Miguel Ángel Curiel
Casa junto al arrecife. Enrique Ariño Gil
Trivium. Marcos Castillo Monsegur
El lenguaje de las ballenas. Begoña Abad
El libro de horas. Rainer Maria Rilke
Gran Guiñol. Miguel Ángel Ortiz Albero
Cantares y presagios. José Verón Gormaz
Marcha por el desierto. Sandra Santana
Una guitarra de contrabando. Gerardo Vacana
Diccionario de garzas y de mirlos. Pablo Javier Pérez López
Piedra y tijeras. Nacho Tajahuerce
#MedeaHaVuelto. Angélica Morales
Madres. Begoña Abad
Todas las moradas de mi aliento. Jacques Meylan
Razón de espera. Rafael Lobarte Fontecha
Poesía. Guido Cavalcanti
Tránsito. María Pilar Martínez Barca
Viejo. Sergio Gómez
Barro. Miguel Ángel Curiel
Historia del mundo antiguo. Joaquín Sánchez Vallés
Este día, este momento. Juan Pablo Roa
El miedo del doble a la soledad. Rosa Martínez
Un vuelo sin la mecánica adecuada. Pecker
Brioleta volumen 2. Poesía aragonesa en femenino. Carmen Aliaga, María Pilar Benítez Marco, Mar Blanco, Marta Domínguez Alonso, María Dubón, Ana Giménez Betrán, Reyes Guillén, Blanca Langa Hernández, Angélica Morales, Trinidad Ruiz Marcellán, Helena Santolaya y Carlota Urgel
Entre el huerto y el corral y otros versos. Gerardo Vacana
Cantar cuarenta. Cancionero completo 1983-2023. Gabriel Sopeña
Sálvida. Sofía Díaz Gotor

La fuerza de la tierra. Paula Martínez
Ahab. Antología poética. Carlos Ramos
Enseres del invierno. Miguel Carcasona

Libro ilustrado

El dibujante de relatos. Antón Castro y Juan Tudela
La península de Cilemaga. Helena Santolaya
Marcianos. Sergio Algora y Óscar Sanmartín
La odisea de Fortunato. Pere Inglés y David Girón

No ficción

Reconstrucción. Miguel Ángel Ortiz Albero
Sahara Occidental. Cuarenta años construyendo resistencia. Varios autores
Residencia y tránsito de las letras en Aragón. Fernando Aínsa
Diario de campo de un psicólogo en un club de fútbol. Luis Cantarero
Marcelino. Muerte y vida de un payaso. Víctor Casanova Abós
Aragón en el sistema solar. Carlos Garcés Manau
Los poetas malditos. Paul Verlaine
Poetas y poéticas. Ensayos. Amador Palacios
Del espejismo de la revolución a la venganza de la victoria. Guerra y posguerra en Barbastro y el Somontano (1936-1945). José María Azpíroz Pascual
Nerín. Memorias compartidas. Varios autores. Edición de Rafael Latre
Sahara Occidental. Del abandono colonial a la construcción de un estado. Varios autores
El hombre elefante. Frederick Treves
Pasaron por aquí. Antón Castro
Nacer para aprender, volar para vivir. Un acercamiento a la poesía de Begoña Abad. José María García Linares
¡Cállate, papá! Padres y violencias en el fútbol industrial. Luis Cantarero
Metodologías activas en el aula. Innovación educativa para fomentar el aprendizaje Significativo del alumnado. Pablo Usán Supervía y Carlos Salavera Bordás (coords.)
Gamificación educativa. Innovación en el aula para potenciar el proceso de enseñanza-aprendizaje.Pablo Usán Supervía y Carlos Salavera Bordás (coords.)
El viaje exterior. Ensayos censores IV. Manuel Martínez-Forega
Teruel. Otra dimensión. Juan Villalba Sebastián
Opiniones de mujeres. María Domínguez
La guerra de los robots. Cómo la tecnología está cambiando los conflictos armados. Francisco Rubio Damián
La escritura por venir. Ensayos sobre arte y literatura en los siglos XX y XXI. Sandra Santana
La vida al alcance de la mano. La discapacidad a través de mi historia. Álex Sánchez
El viaje exterior. Ensayos censores V. Manuel Martínez-Forega
El camino de la serpiente. Escritos ocultistas. Fernando Pessoa
La jota, aragonesa y cosmopolita. De San Petersburgo a Nueva York. Marta Vela
El bazar infinito. Rutas y mares entre Oriente y Occidente. Alberto Cebrián
Ríos que mueren sin mar. Viaje por las culturas de Asia central. Enrique Ariño Gil
Humanizar el fútbol. Deporte y transformación social. Julio Salinas y Luis Cantarero (coords.)
Tú eres antes que todo. Correspondencia de Ramón Acín y Conchita Monrás. Víctor Juan
Adolescentes del siglo XXI. Técnicas de liderazgo parental. Marisa Felipe
Aurora y la celiaquía. Laura Marín

Zaragoza. Historias de ida y vuelta. Miguel Mena
Aragón. Formas de ser. Miguel Mena
Viaje al mar. Diario de un nabatero. Kike Fernández
Un violinista en el Titanic. Tribulaciones de un heterodoxo. Ángel Garcés Sanagustín
Diario del último año. Florbela Espanca
Juan de Velasco, primer maestre de campo de la Ciudadela de Jaca. Marcos Mayorga
Creatividad de andar por clase. Asunción Porta
Albarracín. Un viaje en el tiempo. Juan Villalba Sebastián
Diálogos en cautividad. Antón Castro
Deambulatorio. Miguel Ángel Ortiz Albero
Mauricio Aznar y Almagato. La historia. Jaime González
Máquinas que cuentan historias. La inteligencia artificial y la literatura del futuro. Varios autores

Infantil

La Dama, el Duende y el Rey. Tres leyendas aragonesas. Roberto Malo, José María Tamparillas, Daniel Tejero y David Guirao
Moflete, el elegante. Agustín Porras y Arturo García Blanco
La ardilla poeta y el futuro del planeta. Pilimar Aguilar y Xcar Malavida
Moflete ya sabe contar. Agustín Porras y Arturo García Blanco
Agentes del futuro. María Frisa y Xcar Malavida
Minicó dice no. Nerea Mur
El príncipe que cruzó allende los mares. Roberto Malo, Francisco Javier Mateos y David Guirao
De tu abrazo a las estrellas. Victoria Alcalde y Ruth Alarcón
Mocoloco y Flemalarga. Nines Barcelona y Nerea Mur
San Jorge y el dragón. Daniel Nesquens y David Guirao
Antes de las nueve. Pablo Ferrer, Paula Figols, Marina Santos y Christian Peribáñez
Erny, el monstruo de la Laguna Negra. María Álvarez e Irene Campos
Lex, el Tiranosaurio Rex. Roberto Malo, Daniel Tejero y Blanca Bk
La ardilla poeta y su libro de recetas. Pilimar Aguilar y Xcar Malavida